神の民 LAOS

「神の民」としての教会

神御自身が、神の民LAOSを取り戻される!

―― 教会とクリスチャンは、今! ――

北尾一郎

YOBEL,Inc.

LAOS

あなたがたは、
「かつては神の民ではなかったが、
今は神の民（ギリシア語 LAOS THEOU）であり、
憐れみを受けなかったが、
今は憐れみを受けている」
のです。（Ⅰ ペトロ 2：10）

神御自身が、神の民 (LAOS) を取り戻される！

しかし、あらゆる恵みの源である神、すなわち、キリスト・イエスを通してあなたがたを永遠の栄光へと招いてくださった神御自身が、しばらくの間苦しんだあなたがたを完全なものとし（ギリシア語 KATARTISEI= 直し、取り戻し）、強め、力づけ、揺らぐことがないようにしてくださいます。（Ⅰ ペトロ 5：10）。

装画
カラーの " 饗宴 " は、多様な個人・集団・人種・民族を、また五大陸（六大陸）のイメージで、上下のカラーと白との対照は「天と地」、白い雲と " 虹 " をも表し、会堂のステンド グラスをイメージした。

神 の 民
LAOS

「神の民」としての教会

神御自身が、神の民 LAOS を取り戻される！
—— 教会とクリスチャンは、今！ ——

目　次

信徒宣言 21 ……………………………………………………… 6

発刊の辞

　　　　日本福音ルーテル教会東教区城北地区地区長　三浦 知夫 ……… 7

概念の図

　これからの宣教について ……………………………………… 10

　神の民(LAOS)の任務 ………………………………………… 11

講演　これからの宣教について

　　　　　　　　（日本福音ルーテル教会東教区城北地区会にて）

　プロローグ ―― 私たちに伝わる DNA は「ミッション」…… 13

　第 1 部　発想の方式 …………………………………………… 15

　（1）「神の民」としての「教会」形成 ………………………… 16

　（2）"市民目線"の説教………………………………………… 17

　　説教 1　キリストこそわれらの平和………………………… 18

　　説教 2　マスクを着けたイエスさま……………………… 23

　（3）聖書および「カテキズム」（教理問答）の学び

　　プログラムの新展開………………………………………… 26

　　全会衆が多様に取り組めるプログラム…………………… 26

　　「家の教会」「サテライト・チャーチ」などで…………… 27

　　牧師がいなくてもできるプログラム……………………… 28

　　牧師の講義だけでなくグループ・ディスカッションなど

　　　の効力を用いる方式……………………………………… 29

　　教職の多様な"賜物"を相互に用いる ………………… 29

　　説教では十分にできない双方向コミュニケーションの場

　　　としての「聖書会」「聖書研究会」「聖書に学ぶ会」

　　　　など…………………………………………………… 30

　　（4）伝道プログラムの綜合……………………………… 31

　　（5）奉仕的サーバント・リーダーシップ……………… 32

　第2部　綜合的視野 ── 星形思考 ── ………………… 34

　　　信徒と牧師のコラボ傑作集 ………………………… 35

　第3部　行　動　計　画 …………………………………… 39

　エピローグ ── 明日のミッションへの招き ── ………… 41

付説 1　教会の主体は誰か…………………………………… 43

付説 2　成人教育プログラム ── LAOS(神の民)の形成 ………… 47

付説 3　公同礼拝とは何か ………………………………… 58

　　1　「公同礼拝」の源泉は、「臨在の幕屋」……………… 58

　　2　公同礼拝を性格づける要素 …………………………… 60

　　3　公同礼拝において何が起こるのか ………………… 62

　　4　公同礼拝はどのように展開されるか ……………… 63

　　5　大岡山教会の「礼拝キャンペーン」とは ………………… 66

感謝の辞　　　　　北尾　一郎 …………………………… 67

あとがきにかえて　外山　誠 ……………………………… 70

信徒宣言 21

　神さまは、計りがたい愛をもって、わたしたちを救いに入れ、神の民、キリストの体とし、日本福音ルーテル教会の一員としてくださいました。

　ですから、今、わたしたちこそは教会であり、宣教の主体であるとの自覚をもちます。ここに、恵みに応えて生きる信徒として宣言します。

　わたしたちは、イエス・キリストの十字架と復活によって罪を赦され、新しいいのちを与えられました。

　ですから、神の愛と救いの喜ばしい知らせを周囲の人々に伝え、この「いのちのことば」を次の世代に贈ります。一人ひとりに与えられた霊の賜物を持ち寄って、生涯を通し、たとえ弱く困難なときにも強く支えてくださる救い主を証ししていきます。

　わたしたちは、この世界のすべてのものと共に、神さまに創造され、この世界に神さまの御心が実現するように遣わされています。

　ですから、すべてのいのちが一つの例外もなく重んじられ、正義と平和と慈しみに満ちた世界となるように、心を尽くして祈りと奉仕のわざに努めます。さらに、様々な立場の人々と共に歩みます。

　わたしたちは、聖霊の力と導きを受け、宣教の器である教会として生きていくように招かれています。

　ですから、公同の礼拝を中心に、みことばと聖礼典に養われ、賛美と感謝をささげます。神の家族として、互いに仕えます。福音を宣べ伝える教会、世界の和解と一致を指し示す教会を建て、支え、広げることに力を合わせて励みます。

　御心が完成するその日まで、主よ、お導きください。アーメン

（日本福音ルーテル教会第22期定期総会（2006年5月）にて採択されたものです。）

発刊の辞

　主の平和がありますように。

　私たち東教区城北地区（東京、小石川、本郷、板橋、東京池袋）では、昨年（2019年）11月30日に、板橋教会を会場に地区の合同礼拝と「これからの宣教」というテーマで学びの時を持ちました。その少し前に行いました地区牧師会で、その準備の話し合いを行い、今年は地区のこれからの宣教について学ぶ時にしたいということになりました。牧師が減少していく中で、共にどのように宣教をしていくかを学び、考える必要があるということになったからです。講師をお迎えしたいということになり、すぐに北尾一郎先生のお名前が挙がり、失礼と思いながらもその場所からお電話をさせていただきました。北尾先生は快諾くださり、その後のお手紙でのやり取りなどを経て、十数ページのレジメを用意し講演に備えてくださり、当日、実り多き学びの時を持つことができました。北尾先生に心より感謝いたします。

　その後、板橋教会で当時の代議員であった外山 誠さんの発案とご奉仕によって、その時の講演を冊子にするための準備が進められました。そして、城北地区としての学びの時の講演でしたので、冊子も城北地区の名前で発刊してはと考えてくださり、後藤直紀先生（当時の牧師）をとおして地区牧師会に打診がありました。地区牧師会としては、感謝をもってこの提案をお受けし、この度『LAOS「神の民」としての教会』として発刊することができました。冊子にすることをお許しくださり、そのためにご奉仕くださった北尾一郎先生に改めて感謝をいたします。またこの発刊のためにご奉仕くださった外山 誠さん、後藤直紀先生、板橋教会の方々に心より感謝いたします。

聖書を読むときに、また教会の歴史を振り返るときに、教会の宣教はさまざまな状況が整ったときに進展し、状況が整わなければ下火になるというわけではありません。むしろ多くの困難の中にあっても熱心に進められてきました。困難の中にあったからこそ前進したということもあります。この時代にあっても、思いを新たにされて城北地区に連なる皆様と共に「神の民」として宣教の歩みを始めていきたいと思っています。

　　　　　日本福音ルーテル教会東教区 城北地区地区長　三浦知夫
　　　　　　　　　　　　　　　　　　（日本福音ルーテル東京池袋教会）

概念の図

これからの宣教について

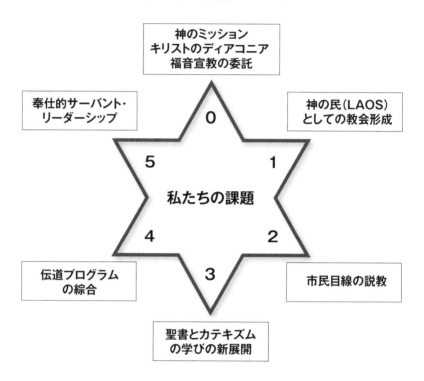

神のミッション
キリストのディアコニア
福音宣教の委託

奉仕的サーバント・
リーダーシップ

神の民（LAOS）
としての教会形成

0

5

1

私たちの課題

4

2

3

伝道プログラム
の綜合

市民目線の説教

聖書とカテキズム
の学びの新展開

　このパンフレットは、諸教会が既に取り組んでいる課題の中で、特に留意されるべき六つの重要課題を綜合的に取り上げています。

神の民（LAOS）の任務

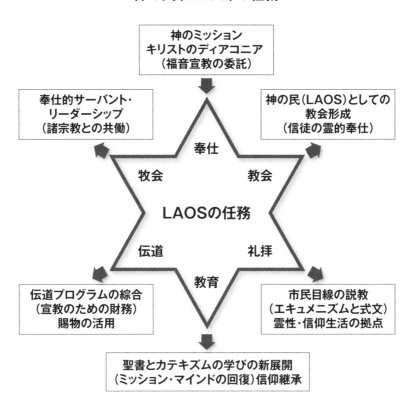

〈この図の見方〉

■この星形は、神の民（LAOS）が神から委託されている主要な任務を表しています。

■星形の内側は、この任務に含まれている諸領域です。

■星形の６つの突起にある矢印は、任務のエネルギーが神から出ていることを意味しています。

■星形の外側は、相互に関連する各領域の諸課題ですが、このパンフレットはそのすべてを扱っているわけではありません。

わたしは、ダビデのひこばえ、その一族、輝く明けの明星である。

（ヨハネの黙示録 22：16b）

※「わたし」は「主イエス・キリスト」を指す。

これからの宣教について

プロローグ

── 私たちに伝わる DNA は「ミッション」──

　このテーマを与えられて想い出した状景があります。時は 1969 年秋、所はアイオワ州の小さな村、主日礼拝の中で奉献が始まりました。私は一つのかごを持たされて聖卓の近くに立ちました。会衆は一人ずつ順に聖卓の前まで上がってきて、私が持っているかごに献金を入れました。その日は「ミッション・サンディ」ということで、世界伝道のための募金に応える礼拝でした。一人一人握手をしたように覚えています。多くの労働者（ソイビーン生産と加工）の手は油脂を塗ったような感じさえしました。私は感動して号泣するのをやっとのことで抑えました。

　さて、城北地区の五つの教会はいずれもこのような会衆の汗と涙と祈りによって生まれたということができます。

　今日は、「これからの宣教」を考えるわけですが、先ずは、城北地区のルーツを確認することから始めましょう。一口で申しますと「原点」に立ち返ることであります。

　簡単な年表を書いてみます。

　1907　SLEY（LEAF フィンランド・ルーテル福音協会）千駄ヶ谷で活動。

　1920　同上　　巣鴨で活動。

　1923　（現）東京池袋教会開設。

　1912　（旧）日本福音ルーテル教会・ULCA（北米一致ルーテル教会）
　　　　山内直丸牧師、C. L. ブラウン師　開拓伝道の開始（現）東京

　　　　　教会

1915　「聴声舎」（学生寄宿舎）、「母の相談所」「診療所」（乳児院）、「福
　　　　音路帖伝道館」（日曜学校）

1923　（関東大震災）救援活動（現）ベタニヤホーム、東京老人ホーム

1950　ELC（福音ルーテル教会）日本伝道部（現）小石川教会開設。

1950〜1963　日本のルーテル教会合同への努力。

1952　小石川の学生センターを本郷に移す。（現）本郷教会

1953　小石川からの伝道活動、板橋労働会館（現）板橋教会

　つまり 1907 年までは、城北地区は存在しませんでした。私たちは
三つのミッションの子どもなのであります。私たちに伝わる DNA は
実に「ミッション」であります。「ミッション・マインド」（世界伝道魂）
とでもいうべき精神（信仰と使命感）であるはずです。

　フィンランド、アメリカ、ノルウェー系アメリカの教会と信徒運動
のルーツもまた「ミッション」です。ですから、本当のルーツは主イ
エス・キリストを派遣された神御自身であり、「神のミッション」であ
ります。次の聖書個所が今日の私たちのディスカッションの基礎です。

(1) マタイ 28：18-20 ── ミッション＝委託と派遣
　あなたがたは行って、すべての民をわたしの弟子にしなさい。

(2) マタイ 9：36-38 ──「働き人」＝信徒＋教職
　収穫は多いが、働き手が少ない。だから、収穫のために働き手を送っ
　てくださるように、収穫の主に願いなさい。

(3) マルコ 10：45 (ディアコニア) ── 十字架の福音
　仕えられるためではなく、仕えるために、また、多くの人の身代金
　として自分の命を献げるために来たのである。

第1部　発想の方式

　今日お話しすることは、私が何年か前から考えてきたことですが、考え方を整理するために、非常に役立った発想方式は、2010年のノーベル化学賞を受賞した「鈴木 - 宮浦クロス・カップリング」です。

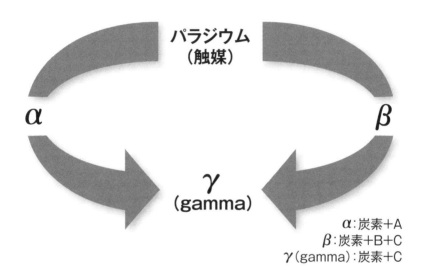

α：炭素＋A
β：炭素＋B＋C
γ（gamma）：炭素＋C

　有機化合物 α と β は直接には合成できません。しかしパラジウムという元素を触媒（catalyst）として用いると γ という新しい有機化合物が生まれます。

　この理論をルーテル教会の課題に適用するのは少し無理もありましょうが、私には大いに助けとなります。次のような課題について考えました。（α と β のAとBがそれぞれの炭素と切り離され、炭素と炭素とが結合され γ が生まれる——その過程に用いられるのがパラジウム触媒です。）

（1）「神の民」としての「教会」形成

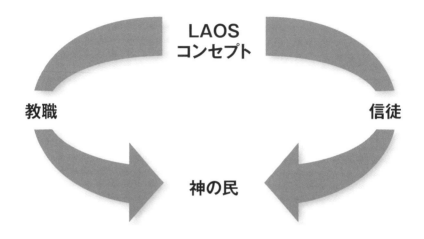

　新約聖書と初代の教会においては「神の民」（ラオス・セウー Laos Theou）という一種類の「クリスチャン」（クリスティアーノイ）だけが存在していました。その後、教職と信徒という二種類に分けられました。20世紀に「信徒ルネサンス」と呼ばれる運動が起こりましたが、ルーテル教会においても道半ばというところかと思われます。

　教職の数の不足、財的資源の不足、そしてその結果でもある宣教の停滞、“攻め”を忘れた“守り”の姿勢というような課題を考えるときに、先ず必要なのは、LAOS コンセプト（神の民概念）の回復であると思います。LAOS（神の民）としての「教会」が形成されることは、すなわち「ミッション」としての教会という質を回復することになります。Ⅰペトロ2:9 はそのことを明示します。

　　「あなたがたは、選ばれた民、王の系統を引く祭司、聖なる国民、
・・・・・・・・
　　神のものとなった民です。それは、あなたがたを暗闇の中から驚

くべき光の中へ招き入れてくださった方の力ある業を、あなたが
たが広く伝えるためなのです。」

「信徒説教（奉仕）者」をはじめ、司式、配餐補助、教理問答（カテキズム）の指導、牧会的カウンセリング（教職への取り次ぎも）などが、奏楽奉仕、教会学校奉仕、聖卓準備奉仕（オルター・ギルド）などと共に、丁寧に学ぶための「信徒奉仕者養成プログラム」を要請するでしょう。

しかもそのようなプログラムは、教区・地区レベルのいわば2Fプログラムだけではなく、個々の教会レベルの1Fプログラムであるべきです。そのために教職と信徒が用いられるべきです。ほかの教会との協力もできるでしょう。

（2）"市民目線"の説教

聖書講解的説教をベースとして深めつつ、現代日本に生活する市民としての聴衆に身近に感じられる説教が求められています。福音というメッセージは、聖書の言語、キリスト教用語によってしか表現できないかもしれませんが、それは現代用語、市民言語に翻訳される必要があります。宣教のフロントは説教でありますから。説教は、「教会」と「社会」（世界）との"接点"に立ち位置を定めるべきです。それは「信徒説教者」の使命でもあります。霊的感動を生む式文と説教を！

そして、説教は何らかの媒体によって拡げられ、二次的、三次的に用いられるべきではないでしょうか。

礼拝の看板とその書き方も重要なメディアです。題は市民向け（週報には副題として信徒向けのタイトルも）であるべきです。

次頁からある試みとして説教を二つ引用します。

【説教 1】

キリストこそ我らの平和

エフェソの信徒への手紙 2：13 − 18
ヨハネによる福音書 15：9 − 12

北尾　一郎

はじめに

「ソーシャル・ディスタンス」──今、市民生活のあらゆる場面で互いに 2m の距離を保ちましょう、と呼び掛けられています。

「ソーシャル」とは社会的ということですが。要するに、人と人との間の距離という意味ですね。まずは、「物理的」距離という意味ですが、単にそれだけでは済まない問題があります。

たとえば、欧米の人が、会社の仕事などで日本に赴任して日本人の家に招かれたりしたとき、（リビングルームというかラウンジというのか座敷というのか）通された部屋で人と人の距離の近さに違和感を覚えるというようなことがあるのだそうです。"快適なソーシャル・ディスタンス"は民族によっても個人によっても異なるわけです。"ソファー文化"と"こたつ文化"というように表現してもいいかもしれません。それは「物理的距離」が「心理的距離」でもあることを示しています。さらには、「人格的距離」にも関わってくると思います。

少し飛躍しますが、紀元前 37 年から同 4 年までユダヤを支配したヘロデ大王は、隣国エドム（イドマヤ）出身の人ですが、政権安定の狙いからでありましょう──ユダヤ人のために神殿を再建しました。

神殿の奥にある「至聖所」の前に、「祭司の庭」と「イスラエル男

子の庭」があり、その前に階段を降りたところに「イスラエル女子の庭」がありました。以上が神殿の「内庭」でありました。その外側（門外）に「異邦人の庭」がありました。その「外庭」も高い壁の回廊に囲まれていました。

1. 「近い者」と「遠い者」

　この「異邦人の庭」から「女性の庭」に入る門の前に一つの掲示板があったといわれます。そこには次のように書かれていたようです。

　　これより奥の内庭に立ち入る異邦人（非ユダヤ人）は死をもって
　　罰せられる。

　神殿の「内庭」と「外庭」は、壁一枚で仕切られていましたが、内庭に入れるイスラエル（ユダヤ人）と内庭には入れない非ユダヤ人（異邦人）との間には大きな距離がありました。まさに大きなソーシャル・ディスタンスです。

　使徒パウロは、エフェソの信徒への手紙の中で次のように言います。

　　あなたがた（異邦人であったエフェソ教会の信徒の方々）は、
　　以前は遠く離れていたが、今や、キリスト・イエスにおいて、
　　キリストの血によって近い者となったのです。（2 : 13）

　このディスタンスは、長い歴史の中で形づくられたものでしたから容易に越えられるものではありませんでした。それはまさに「奇跡」によらなければ克服できない"憎しみの連鎖"の結果であったからです。

パウロは続けて言います。

　この越えることのできない敵意という厚い壁を、何と、キリストの十字架の血が見事に取り壊した。なので「近い者」と「遠い者」が一つとされ「新しい神の民」とされたのだ！ 実に、キリストこそ、わたしたちの平和なのだ！

2.　クロス・カップリング

　このパウロの発想にとても良く似ている理論が応用化学の世界にあります。それは、2010年度のノーベル化学賞に輝いた北海道大学の「鈴木・宮浦クロス・カップリング」です。

　有機化合物のα（アルファ）とβ（ベータ）は、合成したくても直接には合成できません。ところが、両者の間にパラジウムという元素を「触媒」として用いると、γ（ガンマ）という新しい有機化合物が生まれる ── その方法論を、「クロス・カップリング」と名付けたのであります。

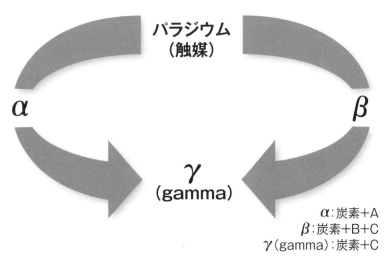

パラジウム
（触媒）

α　β

γ
(gamma)

α：炭素＋A
β：炭素＋B＋C
γ(gamma)：炭素＋C

（αとβのAとBがそれぞれの炭素と切り離され、両者の炭素同士が結合され、

γが生まれる──その過程に用いられるのがパラジウム（Pd）触媒です。）

　「クロス・カップリング」の「クロス（Cross）、いわば越えられない壁を越えるとか、渡れない川を渡るとかいうイメージを持っています。

　「ユダヤ人」と「非ユダヤ人」（異邦人）という分離（民族的・宗教的ディスタンス）を克服して一つの「新しい神の民」（キリスト教会）を生み出すのが、キリストの十字架（the Cross）に他ならない、というメッセージは、実に現代的ではないでしょうか。

3.　「ディスタンス」の意義も

　「人間」の「クロス・カップリング」は、民族と民族の関係だけでなく、個人と個人の関係にも当てはまります。

　「ディスタンス」が存在するのは当然であり、本来は良いことであります。人は互いに独立した人格であり、決して他人の一部にされるべきものではないからです。皆それぞれが、神によって創造された人格であるからです。

　しかし、同時にそれぞれの立場がちがうことによってトラブルも生まれます。

　ですから、然るべきディスタンスを保ちつつ、互いを大切にする──それが本当の「愛」なのではないでしょうか。マグダラのマリアは、復活された主イエスから、この「ディスタンス」の必要を学びました（ヨハネ 20：16, 17）。

　イエスさまは、今日の日課（ヨハネ 15：12）の中でこう言われます。

　　わたしがあなたがたを愛したように、互いに愛し合いなさい。これがわたしの掟である。

おわりに

こうして考えてみますと、人と人との間を分断している「ソーシャル・ディスタンス」にも積極的な意義があるように思いますが、いかがでしょうか。

それはともあれ、「神と人との間」に、また「人と人との間」にキリストが立っておられる─これが「福音」であります。神と人とのタテ関係、そして人と人とのヨコ関係の中心に十字架のキリストが立ちたもう！　そのことを、どのような時にも改めて覚えつつ、キリストと共に生きて行こうではありませんか。

（2020 年 8 月 2 日平和の日　日本福音ルーテル 沼津教会礼拝にて）

マスクを着けたイエスさま

イザヤ書 56：1, 6 − 8
マタイによる福音書 15：21 − 28

北尾　一郎

はじめに

今日の福音書（マタイ 15:21 − 28）は、まるで "新聞" の "三面記事" のように現実的なニュースの雰囲気を持っています。

（8月1日 フェニキア国 首都ティルスからマルコ特派員発）隣国ユダヤで、このところ多くの病人や障がい者を癒しているということで大ブレイクしている「ナザレのイエス師」が、初めて国境を越えてティルスに現れた。"お忍び旅行" のはずが、口コミ（くちこみ）でティルスの市民の話題となったようだ。フェニキア人の市民で、重い心の病を持つ幼い娘の母親が、突然 "直訴" の挙に出た……。

1．"マタイ新聞" の扱い

この "ニュース記事" はマルコ福音書（7:24 − 30）に掲載されています。ところが、マタイ福音書の編集者は、いわば "マタイ新聞" の読者層がおもにユダヤ系クリスチャンであることを意識しています。

マタイは、マルコ福音書に書かれていない文言を 15 章 23、24 節に書き加えているのです。

マタイは、イエスさまがこともあろうに異邦人（非ユダヤ人）の女性の「信仰」を高く評価して「あなたの信仰は立派だ」と言われ、離れた場所にいた娘の病気を癒すという「遠隔治療」をなさったという出

来事の与える衝撃（ショック）を予め和らげるために、この女性と直接には関係のない文言を付け加えました。

この23、24節は、マタイ福音書10章6節にあるイエスさまの言葉との整合性をつけるために書かれていると考えられます。

つまりイエスさまはしばらく前に弟子たちを研修のために伝道旅行に派遣された時のマニュアル（マタイ10：5 - 15）の中で次のように教えられました。

　　異邦人の道に行ってはならない。むしろイスラエルの家(ユダヤ人)の失われた羊のところへ行きなさい。

2．「カナンの女」との会話
ところで、この“お母さん”の直訴にイエスさまはなぜか即座に対応なさいません。一拍おくのです。

　　「子供たちのパンを取って小犬たちにやってはいけない（というではありませんか）。」

この冷たく聞こえる言葉は当時の人々の知っている「ことわざ」であったと考える学者もいます。

「子供たち」はイスラエルの家つまりユダヤ人のことで、「子犬たち」はユダヤ人側から見て（聖書の）神を知らない異邦人を暗示しています。

しかし、この“お母さん”はイエスさまがどのような方であるかを知っていたようです。だからこそ“直訴”に及んだのです。

彼女は知っていました——イエスさまは「ダビデの子」であると。神がダビデ王に約束されたダビデの子孫から出る世界の救い主であると。「イスラエルの失われた羊」を集めるために神が派遣されたのは、実に

その通りであるけれども、イエスさまはそれ以上の方、国境と時代を超えてすべての人間を神の子供たちとするために来られた救い主である、と。

　なので、彼女はイエスさまが引用された諺の冷たさにめげることなく、「イスラエル優先」というタテマエの後ろに「異邦人」への限りない愛のホンネがあることを信じていたのです。

　たとえて言えば、「イスラエル・ファースト」という"マスク"を着用しているイエスさまに向かって、「恐れ入りますが、あなたが愛してくださる私の娘のために、今だけマスクをはずしてください。お願いです！」と叫んだのであります。

3．イザヤの預言の実現
　イエスさまのような方が来るのだ、と預言していたのは、紀元前5世紀ごろに活動した「イザヤ学派」の預言者です。

　　追い散らされたイスラエルを集める方、
　　主なる神は言われる
　　既に集められた者に、更に加えて集めよう、と。（イザヤ書56：8）

おわりに
　恵みの神は、今ここにおられる「あなた」を神の家に集めたまいます。なぜなら、イザヤの言うように、
　わたしの家は、すべての民の祈りの家と呼ばれる。（イザヤ書56：7）
からです。
（2020年8月16日 聖霊降臨後第11主日 日本福音ルーテル 沼津教会礼拝にて）

（3）聖書および「カテキズム」（教理問答）の学び
　　プログラムの新展開

　これはルーテル教会の得意部分であるかもしれませんが、十分に発揮できているでしょうか。
- 全会衆が多様に取り組めるプログラム
- 「家の教会」「サテライト・チャーチ」などで
- 牧師がいなくてもできるプログラム
- 牧師の講義だけでなく、グループ・ディスカッションなどの効力を用いる方式
- 教職の多様な“賜物”を相互に用いる
- 説教では十分にできない双方向コミュニケーション（牧会）の場としての“聖書会”、“聖研”など

　いずれにしても、ルーテル教会は「聖書が好きな人の群れ」になるはずです。

　●全会衆が多様に取り組めるプログラム
　「時間のある方はどうぞご出席ください」というプログラム案内の仕方がよくあります。
　控え目な善意に満ちた言い方ですが、余りにも控え目過ぎるのではないでしょうか。例えば「聖研」を水曜日 19：00 から開くという設定は、どのようにして決められたのでしょうか。会衆や一般市民の生活時間との関係はどうなっているのでしょうか。プログラムの「参加意欲」は時間設定と深く関わっています。要するに単一方式では無理なのです。早朝か昼前か夕方か、また週日か、主日礼拝の前後かなど

多様な選択肢の中から会衆の実情に合わせて「大事なことだから」「興味深いことだから」と積極的に“全員参加”を呼びかけるべきです。会堂での会合方式であっても、可能な限り、複数の選択肢を提示するべきかと思います。その時間設定にアンケートを実施することで会衆の関心を高めるキャンペーンにすることができます。

その際、「創世記を読みます」というだけでなく開催される各回のスケジュールと主題（例えば、第3回「エデンの東 ── カインの額につけられたしるしとは？──」）というように書いた表があるとないとでは関心の持ち方が大きく異ってきます。

さらに、会堂での会合方式のほかに、通信講座やホームページ上での講座とメールでの質問受け付けなどもできるでしょう。

プログラムを提示して全会衆対象の第2次アンケートをすることも必要かと思います。「情報」とは、受け手の参加意思の決定と表明を伴ってはじめて有効になるからです。

●「家の教会」「サテライト・チャーチ」などで

聖書とカテキズムの学びプログラムは、場所を選びません。会堂のほかにも個人の家、職場、病院や福祉施設の部屋やロビー、緑陰などが、学びの場となります。しかし、組織的、定期的に優れた場は、「家の教会」あるいは「サテライト・チャーチ」（衛星教会）です。「教会」という名が付いているのは、そこで聖餐を含む礼拝をすることができるという考え方があるからです。それと同時に、「家の」とか「サテライト」とかいう形容語が付いているのは、“母船”は別にある、ということを意味します。つまり「地方教会」という“母船”に属する“漁船”であるということです。従って、年に数回ないし毎月一回というように“母”教会の礼拝に参加するという考え方です。「教会」に近い信徒の家で継続して開かれる「家庭集会」での聖書／カテキズムの学

びプログラムは、会堂における礼拝などには参加しにくい近隣の人々、家族、知人に福音に触れる機会を与え、やがて教会堂におけるプログラムにも参加する招きとなります。教会の"敷居"を低くする機能を持っているからです。

そして、このようなプログラムに家庭を開放し、必要な世話、"牧会"をすることは、「教職ではない信徒」にとって絶好の奉仕の機会です。しかもそれは、会堂でのプログラムに勝るとも劣らない宣教・牧会のフロンティアとなる可能性大であります。

●牧師がいなくてもできるプログラム

「家の教会」「サテライト・チャーチ」「家庭集会」などでは、すべての会に常に牧師が出席することができないかもしれません。しかし、それはLAOS（神の民キリスト者）の集会でありますから、牧師がその場にいなくても成立します。そのために有効なのは、学びのテキストです。適切なレジュメがあり、その会の主催者などが予め学んでおけば、参加者と共にテキストを基礎に学び、ディスカッションをリードすることができます。工夫はいろいろあるでしょう。

私が忘れることのできないエピソードがあります。1970年代、私は大岡山教会の若輩牧師でした。教会学校の教師修養会を宿泊施設に出掛けて開いた翌日、その近くに住んでおられた先任牧師であった牛丸擨五郎先生を数名でお訪ねしました。玄関の前で「ご挨拶に参りました。すぐ失礼いたします」と声を掛けました。上がりこんではご迷惑をおかけすると思ったからです。ところが家の中からご老齢にもかかわらず、つかつかと歩く足音と共に大きな声が聞こえました。「ここには信徒がいる。ここには教会がある。御言葉を語らずに帰るとは何事か!!」―― 私は「教会とは何か」という問いに

対する本質的な答えを一発で与えられる思いでした。

●牧師の講義だけでなくグループ・ディスカッションなどの効
　力を用いる方式
　学びのグループのプログラムでほとんどの場合、牧師、講師の「講義」が中心です。
　しかし、①グループ・ディスカッションは、さんびか、祈り、聖書朗読の後、2〜6人のグループに分けます。（3人が最適のようです）。10分くらいグループで話した後、全体に分かち合いたいコメントや質問などを出して、リーダーなどが答えます。
　②スウェーデンYMCA方式。聖書の個所を（a）さんびかと祈りの後、リーダーが朗読し、次に各自黙読します。（b）次に各自リーダーが用意した表に記入します。（表はヨコに章節の数字、タテに参加者名を記入できるように、あるいは記入して配布します。）各自の記入は、感動した節の欄に「！」、質問のある節に「？」印を用いるだけでいいのです。（c）その後、参加者が何節にどの印をつけたか……をレポートします。そのレポートをリーダーは一表にまとめます。（d）リーダーは各節について、どれかの印がついていれば、参加者にその理由を問います。参加者たちの魂の交流がここで起こります。質問にはリーダーか参加者の誰かが答えます。（e）最後にリーダーのまとめの言葉と参加者の祈りや歌で会を閉じます。

●教職の多様な“賜物”を相互に用いる
　牧師や宣教師は、聖書全般を学んでいるとはいえ、全部に通じているわけではありません。しかし、そのキャリアの中で、特に思い入れの深いテーマや文書や歴史・考古学・美術・音楽・文学など聖書やカ

テキズムを巡る多様な側面に明るい部分を積み重ねていることが多くあります。そうした賜物は、「教会の宝」として、当該教会だけでなく、複数の教会の多様なプログラムに生かして用いられるべきではないでしょうか。例えば、「交換聖書研究会」とか、「○○牧師の楽しい聖研」とか、その教会のプログラムの中に数回でも単発でも、"カセット方式"で繰り入れることもできます。

　前述した「信徒奉仕者養成プログラム」"1Fプログラム"においても相互貢献が考えられて然るべきでしょう。

●説教では十分にできない双方向コミュニケーションの場としての「聖書会」「聖書研究会」「聖書に学ぶ会」など

　私の経験では、主日礼拝に与りつつ"聖研"に出席する方は、信仰と教会生活において"成長"し、訓練されます。また、"聖研"を求道の窓口として用いる方が時間をかけて主日礼拝に導かれる場合もあるのです。実に、「聖書」やキリスト教に関わる文学作品（の読書会）は、「市民」と「教会」とを結ぶ「架け橋」となります。

(4) 伝道プログラムの綜合

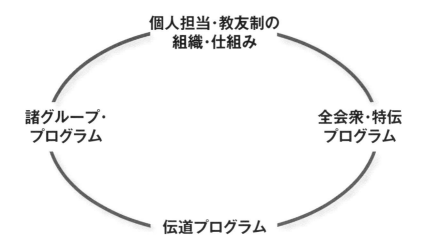

　「諸グループ」には聖書の学びのほかに地域の人々との「おしゃべり会」（大岡山）、「写真部」（大岡山）などのプログラムも含みます。
　かつて、小田原教会には乳児保育支援の母子プログラム「ピヨピヨ大学」というユニークな活動がありました。近隣の未就園児のママたちが子どもと一緒に参加するわけですが、教会の女性会の関係者である保育士が子どもの世話をしている間に、ママたちは牧師の聖書の話を聞いたり、子育て経験のある女性会の方々を交えて子育てについて学び合うといったプログラムで、たしか週一回のペースで、週日の午前中に開かれていたように思います。クリスマスなどの行事にも招きました。
　若者、高齢者、女性などターゲットを絞ったプログラム、グループづくりも大いに考えられます。このような分野では信徒の賜物が大いに活かされるでしょう。
　「全体プログラム」の基本は、伝道の場でもある主日礼拝と特別に行

われる「特伝」を含みます。

　個人伝道の組織的なプログラム（ボランティア伝道、訪問伝道、教友制など）は伝道プログラム全体の触媒的役割を果たします。比較的未開拓の分野かもしれません。すでに存在するようにも思えます。大岡山教会の場合、成長の原動力でもありました。

　「教友制」などの個人伝道方式は次のようなポイントを持っています。

（ａ）個々の教会の組織的な仕組みであること。「教友会（訪問伝道者会）」を組織し、牧師と共に個人伝道について学ぶ機会を定期的に持ちます。

（ｂ）会衆の中に時々でも顔を出す求道者や信徒の家族などを対象にし、「教友」にその一人ないし数人の担当を依頼します。

（ｃ）「教友」は、教会の集会の案内をしたり、文書やテープを届けたり、電話や訪問や手紙、メールなどで問安したりします。もちろんその人のために祈ります。担当の相手は原則として同性、近い年令、などを考慮して「教友会」で決めます。被担当者には担当者がいることを受洗までは知らせません。

（ｄ）牧師と「教友」の連絡カードを作り、月一回提出し、牧師は必要なコメントを付して返します。そのカード交換をまとめたりする世話人も必要です。

☆付属施設との関係も重要です。生かさないという手はありません。いわゆる「ディアコニア」も大切な働きです。

(5) 奉仕的サーバント・リーダーシップ

牧師や役員のリーダーシップには次のようなタイプが認められます。
●伝統的・専制的リーダーシップ
●民主的・会衆主義的リーターシップ

●奉仕的サーバント・リーダーシップ

　この課題は（1）の「神の民」形成という課題と深く結びついています。新しい教会形成のカギともなるのは「奉仕的サーバント・リーダーシップ」であると考えます。詳細は別の機会にお話しできればと思います。

　仕える者（ディアコノス）としてのイエスさまが示された仕える道（ディアコニア）としてのサーバント・リーダーシップです。成員（メンバー、会衆一人ひとり）の主体性と”やる気“を引き出すことはリーダーの役割です。もちろん、教職や指導的信徒の個性や賜物を生かすべきですが、基本に立つことも必要です。

（ａ）「おれについて来い」タイプの専制的リーダーは、一時的には、多くのメンバーを獲得しますが、後継者問題に直面することがあります。「神の民としての教会」は、「○○先生の教会」ではないはずです。

（ｂ）民主的リーダーは、教会の団体としての性格を生かすことができますし、それ自体正しいことでしょう。しかし、団体の組織は「福音的な」決議や実行を常にできるとはかぎりません。ある種の分裂を引き起こすこともあります。

（ｃ）奉仕的リーダーは、「神の民」としての教会（LAOS）から委託された任務を果たす”専従者“としての役割を「仕える者」として誠実に果たそうと努めます。民主的な集団としての教会が、福音を福音的に証ししているかどうかを見張る役割を、自分でもまた集団もしっかり認める考え方です。リーダーはこうして主と会衆に仕えるのです。

第2部　綜合的視野　―星形思考―

　これまで、先ず原点としてのミッションについて考え、次に第1部として私たちの課題それぞれに適用されるべき「発想の方式」について述べました。第2部は、私たちの課題のすべてを個別的に理解するのではなく、綜合的に考えるべきことを申し上げたいと思います。課題は相互に深く関わっています。

　下図のように“星”の形で表わすのが適当だと考えました。信仰告白としての教理が、各項目の並列ではなく、中心を持つ花弁のように綜合的な視野に立つべきものとルーテル教会は考えていることに呼応します。（コンフェッショナル・チャーチ）。

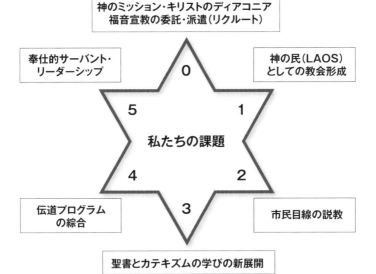

これからの宣教について

神のミッション・キリストのディアコニア
福音宣教の委託・派遣（リクルート）

奉仕的サーバント・
リーダーシップ

神の民（LAOS）
としての教会形成

私たちの課題

伝道プログラム
の綜合

市民目線の説教

聖書とカテキズムの学びの新展開

0
5　　1
4　　2
3

信徒と牧師のコラボ傑作集

信徒と牧師のコラボ傑作集 その1

　時は 1960 年代後半。東海教区の S 教会にも「社会委員」が選ばれ
ていた。多くの信徒、求道者から頼りにされていた初老の女性が当時
の委員だった。

　その教会の夕礼拝に隠れるようにして時折姿を見せる老婦人がい
た。彼女には中年の娘がいて一軒家に二人で暮らしていた。ところが、
彼女らはパン屋で「ミミ」を分けてもらったり、水道は止まっていて、
その家の前のどぶ川から水を掬って飲料水としていたらしい。電気も
止められていた。生活保護を受けるように勧めても頑固に固辞してい
た。精神医学の助けを要したのである。

　社会委員は行政に相談をし、ある時牧師を伴って行政の窓口に行っ
た。三者の相談の結果、行政の担当者から提案があった。医師の診断
があれば保護を決定することができるので、牧師から本人に次のよう
に伝えてほしい、というわけである ──「私の友達のお医者さんが
お宅を訪問するので会ってくださいね。」

　牧師の知らない間に、事は順調に進み、本人から牧師に報告があっ
た。 ──「神さまのお導きで、保護が与えられるようになりました。
感謝、感謝です。」

信徒と牧師のコラボ傑作集 その2

　東教区 O 教会での忘れられない出来事である。A さんのご主人が
重症で入院した。A さんは信徒であったが、ご主人は教会の "外野"

にいた。牧師は入院されたという情報は得ていたが、見舞いに行くことの是非が分らなかった。

　教会の近くのバスターミナルで牧師はＡさんと親しいＹさんという女性会員に偶然に出逢った。
　「Ａさんのご主人がＭ病院に入院しています。先生に訪問していただきたいと言っていますよ。」
　「そうですか。Ｍ病院ですね。」

　牧師は不安であったが祈りつつ病室のドアをノックした。Ａさんが喜んでベッドの傍らに案内した。しばらく見舞いの言葉をかけた後、牧師は言った ―― お祈りしましょう。
　すると床に寝ているご主人は自然に両手を組んだ。牧師の手を強く握り締めた。牧師は祈り始めた。
　「天の父なる神さま。」
　すると、病の重いその人が復唱するではないか。
　――「天の父なる神さま。」そして、病を知っておられるイエスさまがいつも傍にいて、癒し、平安を与えてくださるようにという主旨の祈りを短く区切りながら共に祈った。驚いたのは牧師だけではない。ほとんど話ができなくなっていたご主人の大きな声を聞いたＡさんである。しかも祈ったのである。後に彼は受洗した。

信徒と牧師のコラボ傑作集　その３

　Ｆさんは頭のよい人気者の女の子だった。小学生のころから詩や曲を作っていた。しかし、その感性の鋭さが、中等教育の場で適切な居場所を見つけるのを困難にした。

中年の年頃にさしかかったころ、家庭でご両親と共に彼女らしい日々を送っていたが、彼女を造られた神は、病の床から御許に呼ばれたのである。すべては彼女のためにと支え続けたご両親の痛みは想像を絶する。

　牧師は時折Ｆさんに声をかけてはいたが無力であった。ただ一つ、お母様が集められたＦさんの詩の数々を見せられたとき、牧師は詩集の出版を提案した。ご両親の了解のもとで、牧師は会員の中にいる編集者に、その作業を依頼した。編集に当たった女性はすばらしい仕事をした。ページ数は少ないが変形版のパンフレットはご両親の慰めとなった。表紙にはＦさんの好きだったガーベラの花が"咲いていた"。
　Ｏ教会には「家の教会」委員会があり、委員たちの計らいによって、Ｆさんの召天記念日に、そのお宅で家の教会が開かれた。かのパンフレットが参加者の心を結ぶ絶好のメディアとなった。この記念会的家庭集会は、その後何年も続いて開かれた。

信徒と牧師のコラボ傑作集　その4

　北海道特別教区が成立したのは1981年。札幌の東端部に開発が進んでいた。会堂もなく、牧師と家族のほかには一人の会員もいない「第三種教会」としてＳ教会が、この「副都心」に開設された。
　牧師がまずやったことは、集会所兼牧師居室として教区が借りたマンションの4Fの一室で行う「礼拝」「子ども会」、宣教師による「英語クラス」などの案内と、ルーテルアワー通信講座の申込書を兼ねた「ちらし」を10,000枚印刷することだった。
　市内のルーテル教会のメンバーなどいろいろな人が配布に協力したが、大半は牧師の早朝の仕事だった。団地の集合住宅は四階建、入り口のメールボックスに入れるよりも4Fまで各戸のドアに差し入れる

ことにした。

　ここでコラボである。バプテスト教会の会員の K さんが一緒に配りながら牧師に教えた ——「1Ｆから始めるのではなく、まず 4F まで上って入れながら降りてくるといいんです。新聞配達のコツなんですよ。」

信徒と牧師のコラボ傑作集 その 5

　1930 年代にフィンランド・ルーテル福音協会という信徒運動団体の大きな支援によって東京の新興住宅地域に幼稚園を伴った O 教会が生まれた。

　O 教会は信徒運動としての近隣日曜学校（後に「教会学校」と呼ばれるようになる）の働きが、幼稚園のアフターケアの形で強力に進められた。

　その伝統を土台として、新しい教会論を背景に生まれたのが、「地方教会内制度」としての「信徒説教奉仕者」の群れである。1999 年の出来事であった。

　主日礼拝を担当する奉仕者たちは、基本的な研修を積み重ねつつ、実際に礼拝説教を担当した。月に 1 回程度であるが、牧師がいても奉仕者が説教するようになって今日に至っている。

　実際の「説教」準備をメールで牧師とやりとりをしながら行うことも多かった。まさにコラボレーションである。

　2018 年度からは、毎月第 4 日曜日 O 教会は主任牧師を他教会の応援に派遣している。

第3部　行動計画

　仮に教会共同体として取り組もうとされる場合は、以下のような「行動計画」を立て、機関による承認、委員会の設置など具体化する必要があると考えます。"幻"を持って共働する教会は、"神学生"を生み出すでしょう。

　A　コンセプト（0－5）の学び・共通理解
　B　プロジェクト（0－1、5－3など）立案
　C　プロジェクトそれぞれの担当者・"工程"
　D　実施しつつ全体に報告・フィードバック
　E　評価と反省、次のステージへ

● 行動計画を立てるときに留意したいこと
　個々の教会や教会群は、合意形成の流儀がそれぞれあるものです。しかし、次のようなポイントに留意する必要があると思います。
(1) 役員会ないし拡大役員会レベルで「私たちの課題」の主旨と行動計画の必要性についての共通理解をもつこと
(2) 会員全体レベルの会合（信徒協議会、話し合いの会など）に提案する共通理解の骨子を文章化するために、牧師を含む数人の作業委員会を設置すること
(3) 役員会にはかった後、会衆レベルの協議会を開き、課題についての学びをすること、また前項の「骨子」を説明すること
(4) 全体会でのフロアからの意見や提案を加えた「行動計画案」を作業委員会を中心に作成すること
(5) こうして役員会、総会などで決議して、できることから実行す

ること、こうしたプロセスが、すなわち「神の民」形成のプロセスであると理解すること

　なお、個々の教会の年次計画の中に採り入れることが有効であると考えられます。例えば、地区レベルの教会横断的な「家の教会」（家庭集会）が 15 個所、30 個所で開かれるならば、多くの信徒がホストとなり、多くの家族・友人・隣人が福音の輪に連なるでしょう。

エピローグ
—— 明日のミッションへの招き ——

　城北地区の諸教会は、輝かしい伝統と誇るべき宝をお持ちでありま
す。その最たるものは、主が招き出された会衆のお一人おひとりです。
聖霊なる神は、私たちを明日のミッションへと召しておられます。

　この講演を閉じるに当たって、最初に申し上げた発想の方式として
の「クロス・カップリング」のことをもう一度思い出していただきた
いのです。

　英語のクロス（cross）は、主イエス・キリストがゴルゴタの丘で架け
られた「十字架」（the Cross）から動詞や形容詞や名詞として多くの意味
を持つ語になりました。動詞としては、「本来は離れている道路などを
横切る（cross する）という用い方が基本です。

　さまざまな理由で分断されている人類は、共に生きる「平和の道」
を見いだすことの困難にあえいでいます。キリスト教会の中において
も同様です。しかも「教会」は、神が愛しておられるこの世界の分断、
敵意の連鎖を断つための和解のメッセージを担い、伝える使命をキリ
ストから委託されていることを片時も忘れてはならないはずです。
"The Cross" が、分断を "cross" して真の平和を造り出すようにあなた
や私に迫っています。

　使徒パウロの言葉によって話を終わります。ありがとうございまし
た。

　　実に、キリストはわたしたちの平和であります。二つのものを
　一つにし、御自分の肉において敵意という隔ての壁を取り壊し

……こうしてキリストは、双方をご自分において一人の新しい
人に造り上げて平和を実現し、十字架を通して、両者を一つの
体として神と和解させ……敵意を滅ぼされました。

（エフェソ 2：14-16）

（2019 年 11 月 30 日　日本福音ルーテル教会 東教区城北地区会にて）

教会の主体は誰か

（1）誰が「教育」するのか、という信徒の問い

　"教職でない信徒"は、"教職である信徒"が教会教育の主体である
とする教職中心主義的命題を受け入れているであろうか。多くの場合、
答えは、イエスである。なぜなら、「教職である信徒」（牧師）は、教会
の制度上の「教師」であり、神学教育を受けている「専門家」であり、
神から派遣された使徒的な職務を担うゆえに尊敬されるべきであるか
らである。

　しかし、以上のことを承認するとしても、なお率直に言えば、この
命題を承認するには困難が残る。なぜなら、牧師といえども一人の人
間であり、若い牧師が祖父のような年齢の人生経験の豊かな人に人生
を語ることができるであろうか。また、神学教育は、教育学や教育技
術の専門家を育てたわけではなく、その道の専門家である信徒を「教
育」することができるのであろうか。

　こうした意見は、若い牧師たちを恐れさせ、場合によっては教職中
心主義に立てこもることさえ起こる。いずれにしても、牧師が、「教会
教育」という任務を喜びをもって受け取ることをしないようになる。
「信仰は教育することができない。なぜなら信仰は決断だからである」
というもっともらしい理論で、教育という任務を事実上放棄するので
ある。その結果、教育的伝道の対象は青少年に限られ、いわゆる成人
教育、生涯教育は棚上げされたままに放置されるのである。

　では、かの"率直な疑問"は、まちがっているのであろうか。また、
そうした問いの前に、理論武装せざるを得ない牧師たちは、まちがっ

ているのであろうか。我々はどちらを責めることもできない。それぞれもっともな考えがそこにはあるからである。

　しかし、どちらにも共通の問題点がある。それは、「教会の主体は誰であるか」について、明確な認識を持っていない、という事実である。

（2）教育の任務の主体は、本来「神の民」（LAOS）に属する

　「宣教と奉仕」という教会の使命の中に、教会教育という任務が含まれている。そして、その任務（office）は、「教会」という「神の民」（LAOS）に神から委ねられている。LAOS は、そのことを認識した上で、その務めの遂行のために、自らの責任において教職を任命し、その任務の促進を委ね、期待し、同時にその任務遂行に協力するのである。

　（O 教会の代議員および教会学校校長に任じられていた S さんは、国立大学の教授であり、教区の教育部長を務め、NCC の教育部の指導者の一人であった。赴任して間もない若い牧師に同労者として近づき、教会学校のカリキュラムを整備する作業を申し出るとともに、逐次、牧師に報告して、教師会にて協議の上、実施した。約 19 年後、再び赴任した同牧師に成人教育という課題があることを指摘し、また牧師の方からも神の民形成の信徒奉仕者養成プログラムの必要を役員会に訴え、相呼応して、あるいは牧師のリーダーシップを呼び起こすような働きを S さんが進めたことによって O 教会の成人教育プログラムが生まれたのであった。教会の会衆が LAOS としての自らの責任を明確にすることが、この動きの意義であった。）

　この項については、日本福音ルーテル教会発行「LAOS 講座 創刊号」を熟読されたい。

(3) 神の民の任務は公同性を持つ

　神から宣教と奉仕の任務を委ねられた LAOS（神の民）は、その任務の基礎を、教会の公同性の上に置いている。

　「公同性」（catholicity）とは、使徒信条またニケア信条に用いられている「公同の」という形容詞を名詞化した言葉であって、別の英語に言い換えるならば、universality ということになる。

　宗教改革以後、Catholic という言葉が、ローマ・カトリック教会の固有名詞としても用いられているために、Christian と言い換えることが行われてきた。しかし、それはプロテスタント教会が、教会の「公同性」という古カトリック教会の教会理解の重要な柱の一つを見えなくすることにもなり、極めて不幸なことであった。第二ヴァチカン公会議以降、プロテスタント側にも、この言葉の意義を再評価する動きが現れ、ニケア、使徒両信条またアタナシオス信条に、「公同の」という形容詞を回復する会衆も多くなってきた。

　「公同の」教会という認識を新たにすることによって、我々がセクトに属するのではなく、「唯一の、聖なる、公同の、使徒的な教会」に属するのだ、という信仰告白に立ち帰るのである。

　このことによって、我々は「個人の信仰告白」という信仰の決断性を見失うことなく、同時に唯一の「キリストの体」に属するものであり、世界教会会議（公会議）においてまとめられた普遍的な「公同の信仰告白」に立つことを、内外に表明するのである。

　「教会教育の主体は誰か」を考えるとき、それは教職個人でも有力信徒でもなく、実に「公同の教会」であることを、その歴史性と世界性また普遍性に立脚して考えることは、極めて重要である。

（4）教会教育の主体は神御自身

　誰が教育の主体であるか、という問いに対する究極の答えは明らかである。教会教育において結局教育するのは神御自身である。

　使徒パウロはこのことを最も良く知っていた人の一人である。彼はローマ帝国の市民権を持つタルソス市に育ち、ユダヤ人としては最高の学問を律法学者ガマリエルの下で修めた。しかし彼を、福音の宣教者にしたのは、復活のキリスト御自身である。そしてパウロの宣教経験も、パウロに一つの確信を与える。それで彼はコリントの信徒への手紙に書いたのである ──「わたしは植え、アポロは水を注いだ。しかし、成長させてくださるのは神です。」

　パウロにとって、キリストの霊である聖霊なる神こそ、教会（神の民）教育の主体である。そして、このことは、誠実な普通の教師が、みな経験し、告白することであろう。

　パウロは聖霊を Spiritus Creator と理解している。キリスト者は日々聖霊の新しい創造に与っている。このような信仰によって我々は教会教育という気が遠くなるような任務に耐え、希望のうちに喜ぶのである。

　主イエスが、「キリストのほかに、教師はいない」と教えられたことを、使徒パウロは、「聖霊による新しい創造」という表現で再解釈したのではなかろうか。

　パウロは、コリント宣教という彼自身の働きを「わたしは植えた」と表現している。"植え"たり、水を注いだりすることは、教会教育という働きに当たると考えることができる。しかし、実際に「成長させる」という教育の実質は、神御自身の御業である。

栄光が神にあるように！

成人教育プログラム
LAOS（神の民）の形成

——「LAOS 講座」と「大岡山教会講座」——

はじめに

　教会教育の中の重要な課題の一つは「成人教育」である。教会教育とは教会学校のことだという一般的発想から、成人教育も「教会学校成人科」として考えられることが多かったように思われる。そしてこの点ではバプテスト教会が模範とされている。

　また、ルーテル教会の場合も伝道地においては、洗礼準備教育（堅信教育）として「教理問答」による教育が行われてきた。Instruction Class という言い方が用いられて、礼拝後あるいは週日の夕方などに開かれていた。

　日本においても、例えば、太平洋戦争後に東海地方に宣教した ELC（ノルウェー系アメリカ人の教会 Evangelical Lutheran Church, Japan Mission）の宣教師たちは一様にこの方式を採っていた。

　しかし、「教理クラス」は受洗をもって終わることが多かった。受洗後教育としての成人教育は手つかずの状態がずっと続いていたということができよう。もっとも「聖書研究会」ないしは「バイブルキャンプ」などの形で教育的活動が行われてきたということも事実である。しかし、そこには、"成人教育"（"生涯教育"）という意識は希薄であったように思われる。

　そのことは、日本福音ルーテル教会（JELC: Japan Evangelical Lutheran Church）の場合、次のようなキャンペーンにおいて聖書研究などのテ

キストを発行するというようなプロジェクトが含まれていたことによって、逆に証明される。

- 大伝道（旧 JELC と東海福音ルーテル教会の合同に伴う伝道キャンペーンで、いくつかの新規開拓伝道を実行した。1963~1970）
- 第二次総合宣教計画（1974~1978）
- 東教区宣教計画（1974~1978）

「信仰と生活シリーズ」パンフレット（手作り B6 判 7 巻）の発行。シリーズのテーマは、礼拝、礼典、スチュワードシップ、ディアコニア、結婚・葬儀、市民的責任、異端的教えが含まれていた。

また、教理入門のための「愛と恐れと信頼と」（信仰編／生活編、石居正己著）、「教会形成の手引」などが出版された。

- JELC 宣教百年記念運動の多くのプロジェクトの中に「教会ってどんなところ」（入門講座、江口再起著）やルカ福音書とエフェソ書の聖書研究テキストが入っていた。
- そして JELC は、「宣教方策 21（PM21）」（パワーミッション 21）を策定し、かなり大きな計画的な運動を展開した。

その第 2 プロジェクト（P2）は「信徒宣言 21（→ pp6 を参照）」をまとめ、2006 年の総会で採択された。

また機関誌「るうてる」を用いて継続的なキャンペーンを行った。

その中で 2004 年に「LAOS 講座」の創刊号が発行され、全信徒・求道者に配布された。

その内容は「PM21」の神学的基本理念に基づいて編集された。

その全体像は「LAOS の樹」として各巻の巻頭におかれている。

神の民（LAOS）を形成することを目的にしたこのテキストは、JELC の歴史の中では最も整った成人教育の基本線を示していると言えるように思う。また、同時に、諸教区、諸会衆、諸教職・信徒諸氏による出版などさまざまな努力が重ねられていることを承知している。

（1）LAOS 講座の理念

　成人教育プログラムのテキストとして「LAOS 講座」が生まれるようになった経緯を大まかに跡付けるならば、前述のようになる。

　LAOS 講座の誕生は教会教育という領域における JELC の取り組みの歴史においてやはり画期的な出来事である。その理由を列挙すれば次のようになる。

①JELC という全体教会の総合的宣教方策の具体的プロジェクトの一環として位置づけられていること

②この "PM21" の第2プロジェクトの目標は、「証しし、奉仕する信徒になろう」というものであり、そのような信徒になるための受洗後教育、生涯かけての成長のための教育プログラムとして LAOS 講座が誕生したこと

③「信徒」とは何か、という主題についての新しい理解を基本に据え、内容のすべてをそのような「信徒論」によって方向づけていること

④以前にも試みられたことではあるが、LAOS 講座の最も大きな特徴の一つは、個人で読むこともできるが、地方教会やさまざまな共同プログラムのグループにおいて "共に学び、考え、行動する" ことを促すためのテキストであること
（「まとめ」や「話し合いのために」という設問にその試みが表れている）

⑤「LAOS の樹」に図示された全体像を視野において個々の主題をとらえることができること
（但し "第一期の工事" である。その後 2012 年 5 月に「LAOS 講座別冊 人生六合目からの歩み ── ルーテル教会の応援ノート ── 」が刊行された）

⑥以上の性格を明確にするため、任命を受けた編集委員長と委員会が、その内容、レイアウト、配本の順序および時期などについ

て責任を持って関わったこと

⑦ 特に信徒諸氏の間でかなり積極的に受け入れられ、長期にわたっていろいろな仕方で用いられていること（但し当該教会の牧師の対応が影響する）

（2）大岡山教会講座

LAOS 講座が出版されたのは 2004 年からであるが、1998 年に始められた成人教育プログラムが「大岡山教会講座」である。いわば LAOS 講座の"先行開発プロジェクト"であった。もちろん、全体教会の行政上の指導によって行われたものではなく、大岡山教会独自の必然性によって実施されたプログラムであるが、結果としては、LAOS 講座の準備にもなったのである。具体的には"LAOS の樹"は、そのデータの一部を大岡山教会講座の中に持っていたのである。

次に大岡山教会講座の特質を列挙することにしよう。LAOS 講座に何となく似ていることが分かるであろう。

① 1998 年度の大岡山教会総会は、5~10 年先の教会の姿を見通して宣教計画を立てることを決議し、この「大岡山教会ヴィジョン委員会（鈴木重義委員長）」を設置したが、その方策の重要な柱とされたのが「信徒奉仕者養成プログラム」であり、その具体化が 1998 年 10 月から実施された「大岡山教会講座」であるということ

② 教会の使命は、神から教会に委託されたものであり（Missio Dei）、"教職である信徒"と"教職ではない信徒"に等しく委託されている。従って"霊的な奉仕"も"食卓の奉仕"とともに"教職ではない信徒"に委託されている、という神学的理解の上に立っていること

③ そのような使命を受け取り応答するために必要なものとして「信

徒奉仕者養成プログラム」の実施が急務とされたこと

④ しかも全体教会の宣教方策の中にある「信徒説教者」制度の承認、および、その養成プログラムの実施はほとんど現実的ではなかった当時の状況の中で、大岡山教会は全体教会の信仰と職制委員会（江藤直純委員長）の了解を得て「信徒説教奉仕者」（地方教会内制度としての呼称）を養成することを当面の目標としたこと

⑤ 大岡山教会役員会は、このプログラムに集中するために従来毎月開催されていた「教会学校教師会」の学習会部分を教会講座に合流させたこと

⑥ 1998 年から 2007 年まで 10 年にわたり 66 回開かれたが、それ以後も断続的に多少性格を変えて開催されていること

⑦ 以上のような経過を経て始められたために大岡山教会講座には、「LAOS の樹」のようなプランが最初にあったわけではなく、今の当該会衆にとって何が最も必要なテーマであるかを話し合いながら、年度毎に決定される短期プランを繋げたものであること

（3）成人教育プログラムの神学

　二つの「講座」の特質について述べたことによって、一つの重要な共通点が明らかになったのではなかろうか。それは、プログラムの基礎となる「神学」の存在である。

　結論から言えば、「LAOS の神学」である。すなわち「信徒」（Lay）という語では表現されない "神の民" というコンセプトを再発見したことによって成立する神学である。

　「信徒」という言葉は、英語の Lay（People）を訳したものであり、「信者」あるいは「キリスト者」という語も同義語として用いられる。

　この中で「キリスト者」という用語が、LAOS（民）という用語に最も近い。なぜならば、LAOS は「信徒」と「教職」という二分法が成

立する以前の教会理解を表しているからである。「キリスト者」は一種類であるはずであり、二種類のキリスト者が存在するわけではないからである。

従って「LAOS」の訳語として「信徒」という語を用いるならば、「信徒」のコンセプトを拡大深化した上で、「教職である信徒」と「教職ではない信徒」というように表現することになろう。

このように「LAOS の神学」は、いわゆる「信徒論」ではない。「教職論」に対する「信徒論」のことではないからである。むしろ LAOS 神学は、総合的な教会理解、「礼拝共同体・宣教共同体」としての「教会」そのものを表す LAOS というコンセプトを用いることによって成立する。

そして、この神学は、古くて新しいものである。それは新約聖書の「神の民」理解であり、宗教改革の「全信徒祭司性」によって表現されたものであり、常に教職中心主義へと傾く教会を目覚めさせた第二次世界大戦後の教会の状況また世界の状況の中で "再発見" されたものである。

それは "信徒ルネサンス" と呼ばれている。しかし、むしろ "LAOS ルネサンス" であり、聖書的教会論（総合的教会理解）の再生である。

この点については次の二つの資料を熟読するよう要請するものである。

① LAOS 講座創刊号「信徒として生きる」

 1. 誰だろう、何だろう、信徒って

 —信徒として生きていくために知っておきたい5つのポイント—

　江藤直純著

②同

 2. 信徒についての神学的・聖書的展望

　ヘルマン・G・ステンプル著（北尾一郎訳）

（4）大岡山教会講座の内容

　この講座の特質については前述のとおりであるが、その内容を簡単に分析しておきたい。

　　A 説教（特にペリコペー説教）　………………………… 11 回
　　B 礼拝式文、教会暦、礼拝キャンペーン　………………… 6 回
　　C 教理問答、堅信教育プログラム、先祖と死者………… 7 回
　　D 牧会、家の教会、宣教、信仰継承、信徒（LAOS）………10 回
　　E 信仰と社会、日本国憲法と信教の自由　………………… 2 回
　　F 福音書の成立と神学、ギュツラフ訳　………………… 13 回
　　G 日本福音ルーテル教会の歴史　………………………… 2 回
　　H 教会音楽、讃美歌の歴史　………………………………… 3 回
　　I 教会堂の歴史と現会堂設計の意味　…………………… 2 回
　　J 教会の構造　………………………………………………… 2 回
　　K 奉献の神学、財務　………………………………………… 2 回
　　L ルターと宗教改革、『キリスト者の自由』　……………… 6 回
　　　　　　　　　　　　　　　　　　　　　　　　計 66 回

おわりに

　大岡山教会講座は地方教会（Local Church）の取り組みであり、地区、教区などの共同プログラムには出席できない（しない）会衆へのアプローチである。

　これを“一階”とするなら“二階”が共同のプログラムである。九州教区のセミナリヨ、東教区の信徒奉仕者養成講座などである。さらに神学校・学院大学の公開講座もそのようなプログラムとして挙げることができる。

しかし、教会教育の成人教育プログラムはローカルに、日常的に、長期にわたって、多くの信徒求道者を巻き込んで行われる必要がある。そして教職ではない信徒の貢献も要請できるのである。

成人教育プログラムの事例

第1シリーズ（1998-1999）
　1 説教とは何でしょうか
　　　　　── 語られる神の言葉とは ──
　2 説教のテーマを決めるには
　　　　　── ペリコペーによる礼拝の主題とは ──
　3 説教の準備をするには
　　　　　── 説教の構想、構成、原稿ができるまで ──
　4 説教の聴き方と語り方
　　　　　── 牧会行為としての説教、話し方などの技術 ──
　5 説教の奉仕をするのは誰ですか
　　　　　── 信徒に説教の奉仕を委任する意味 ──

第2シリーズ（1999）
　1 礼拝式文が私たちを生かす ── 礼拝を豊かにする要素 ──
　2 礼拝式文を私たちが生かす ── 会衆の役割、司式者の役割 ──
　3 教理問答のアウトライン ── ルターが目指したもの ──
　4 教理問答の学び方・教え方 ── 現代的展開を考える ──
　5 牧会というもの ── 慰めが一人一人の魂に届くために ──

第3シリーズ（2000）
　1 マルコ福音書をどう読むか（前編）
　　　　　── 最初の福音書ができるまで ──

2 マルコ福音書をどう読むか（後編）

　　── 記事の特徴、編集の意図、使信 ──

3「家に集まる教会」論

4 みんなで教会を作ろう ── 牧師と信徒一体の宣教と牧会 ──

5 祖先と死者についての考え方（前編）

　　── 死者との交わりをめぐる問題解決のために ──

6 祖先と死者についての考え方（後編）

7 次の世代に伝える（前編）── 信仰継承とは何か ──

8 次の世代に伝える（後編）── 二人の神学生に聞く ──

第4シリーズ（2001）

1 ルカ福音書はどのように書かれたのか ── 時の中心 ──

2 教会のあるべき姿は何か ── 悔い改めに関する三部作 ──

3 受肉・生涯・受難・復活・昇天 ── 人間の救いのため ──

4 国家と教会 ── キリスト者のアイデンティティー ──

5 義認と聖化 ──「感謝」から出てくる愛のエピソード ──

6 イエスが教えた倫理 ── だれがその人の隣人になったか ──

7 ルカ福音書の終末論 ── 神の国はあなたがたの間にある ──

8 女性と子どもの地位 ── 女性の立場から見るルカ福音書 ──

第5シリーズ（2002）

1 マタイ福音書の自己紹介 ── イエスを何者というのか ──

2 教会のこよみ ── 教会は公同礼拝において何を語るのか ──

3 教理問答（その1）── なぜキリストが必要なのか ──

4 教理問答（その2）── 教会は何を信じているのか ──

5 教理問答（その3）── 信徒はどう祈ったらいいのか ──

6 教理問答（その4）── 洗礼は何を与えるのか ──

7 教理問答（その5）── 聖餐において誰に会うのか ──

8 信仰と社会 私の場合
　　── （その3の補遺）主の祈り・信仰の実践 ──

第6シリーズ（2003）
1 礼拝説教を生み出すもの
2 コラール音楽をめぐって ── ルターからバッハまで ──
3 讃美歌── その3000年のあゆみ ──
4 フィンランド・ミッションの歴史
　　── LEAF の日本宣教開始から第二次教会合同まで ──
5 日本のルーテル教会── その110年のあゆみ ──
6 信徒とは何か── 初代教会から宗教改革まで ──（ステンプル著）
7 信徒ルネサンス
　　── 現代の教会における信徒像 ──（ステンプル著）

第7シリーズ（2004）
1 説教の主題を浮き彫りにする（アネモス教会群共同講座）
2 神のことば・人間の言葉（アネモス教会群共同講座）
3 ルーテル教会らしい説教とは（アネモス教会群共同講座）
4 教会堂の原型とその後の発展
5 教会堂の設計で目指したこと
6 アジアの讃美歌
7 フィンランド・ミッションの北海道伝道
8 教会の構造── 会衆制と監督制 ──
9「組織された教会」と複数の「会堂共同体」

第8シリーズ（2005）
1 ハジマリニカシコイモノゴザル── 説教の源流 ──
2 奉献の神学

3　教会の財政

4　ルターの生涯と働き──生い立ち、転回──（石居正己著）

5　ルターの生涯と働き──我ここに立つ、展開──（石居正己著）

6　現代に生きる宗教改革の精神──教会、教育──（石居正己著）

7　現代に生きる宗教改革の精神──隣人愛、将来──（石居正己著）

8　ルターの『キリスト者の自由』──内なる人、外なる人──

第9シリーズ（2006）

1　マルコ福音書をどう読むか（前編）

　　　　　──最初の福音書ができるまで──（再）

2　マルコ福音書をどう読むか（後編）

　　　　　──記事の特徴、編集の意図、使信──（再）

3　公同礼拝とは何か──大岡山教会の礼拝キャンペーンとは──

4　日本国憲法と「信教の自由」

5　神学生の目から見た　大岡山教会1970年からの歩み

6　「ペリコペー説教」の聴き方・語り方

7　「神の民」（LAOS）として生きる──「牧師」とは誰か──

第10シリーズ（2007）

1　"バリアフリー"の教会形成──伝道と牧会の考え方──

　　　　　　　　　　　　　　　　　（大岡山教会講座より）

【付説3】

公同礼拝とは何か

──大岡山教会の「礼拝キャンペーン」とは──

　大岡山教会の「公同礼拝」は、いくつかの特徴を持っています。ま
ず「幼稚園礼拝」・「第一礼拝」・「第二礼拝」・「第三礼拝」という形に
なっていることです。次に、「説教」は牧師のほかに、「信徒説教奉仕
者」が、担当することです。また、その教会内制度は、信徒間にバリ
アを生じさせないための仕掛けが施されています。その一つが、この
「大岡山教会講座」です。

　しかも、このような特徴は、役員会がリードしながら、「からしだね
会」などの全信徒レベルの大衆討議を経て、教会総会によって採択さ
れた決議を実行した結果であり、当初の意図がかなり実現され、良い
意味で定着したと考えられます。

　しかし、時間が経過する中で、決議の意図がどこにあったかについ
ての記憶が薄れていることも事実ですし、現在の形は「理想型」への
暫定的なものであるという意識から、さらに進んだ形を造り出す努力
をするべきだという意見もあります。従って、公同礼拝とは何か、と
いう基本問題を改めて考えておくことは、今後どのような方向が選び
取られるにしても、とても大事なことであると思います。

1　「公同礼拝」の源泉は、「臨在の幕屋」

　かつて、「神の民」（LAOS）イスラエルが、シナイ半島の荒れ野を旅
していたころに始まった「臨在の幕屋」については、出エジプト記33
章9、10節に、次のように書かれています。

モーセは一つの天幕を取って、宿営の外の、宿営から遠く離れた所に張り、それを臨在の幕屋と名付けた。……モーセが幕屋に入ると、雲の柱が降りて来て……、主はモーセと語られた。雲の柱が幕屋の入り口に立つのを見ると、民は全員起立し、おのおの自分の天幕の入り口で礼拝した。

また、この「主の栄光」について、同書33章18－23節に、次のように書かれています。

モーセが、「どうか、あなたの栄光をお示しください」と言うと、主は言われた。……「あなたはわたしの顔を見ることはできない。人はわたしを見て、なお生きていることはできないからである。」更に、主は言われた。「見よ、一つの場所がわたしの傍らにある。あなたはその岩のそばに立ちなさい。わが栄光が通り過ぎるとき、わたしはあなたをその岩の裂け目に入れ、わたしが通り過ぎるまで、わたしの手であなたを覆う。わたしが手を離すとき、あなたはわたしの後ろを見るが、わたしの顔は見えない。」

この「岩の裂け目」こそ、主イエス・キリストである、と言うこともできます。英語で書かれた最大の讃美歌と言われる「千歳の岩よ、わが身を囲め」〈讃美歌〉260 ＝〈教会讃美歌〉318（ "Rock of Ages, cleft for me"）は、この聖句に基づいた歌です。1節は「さかれし脇の血しおと水に罪もけがれも洗いきよめよ」と続いているように、十字架の主の「脇」の「裂け目」こそ、あの岩の「裂け目」のように、主の栄光が通り過ぎるとき、私たちを覆うものであります！

ですから、「公同礼拝」は、「父と子と聖霊の御名によって」行なわれるのです。

2 公同礼拝を性格づける要素

(1) 礼拝の中心 —— 楕円には二つの中心があるように、公同礼拝にも二つの中心があります。それは、「聖書の御言葉」と「聖餐の礼典」です。しかも、それは二つの円ではなく、一つの楕円であるように、本来、二つの部分を、切り離すことはできません。（聖餐を含む礼拝を「ミサ」と言います）。そして、この「御言葉と礼典」は、「恵みの手段」と言われます。私たちは、洗礼の礼典を受けたとき、「恵みの手段を尊び、生涯を送ります」と「神の助けによって」約束したのです。洗礼は、人間の集団や牧師との約束ではありません。それは、神御自身、しかも、あなたや私のために十字架につけられた主イエス・キリストとの契約なのです。どうして主を裏切ることができましょうか。

(2) 礼拝の内容 —— 礼拝は救いの「御言葉」を内容としています。「聖書と説教」は「見えない御言葉」であり、「聖餐」は「見える御言葉」です。また、御言葉の内容は、「律法と福音」であります。律法は人間に罪の自覚を与え、救いの必要を明らかに示し、私たちの魂をキリストのもとに導きます。そして、礼拝は、キリストの十字架の死によってのみ与えられる「罪の赦し」と「魂の解放」を与える「福音」を宣言するのです。神は私たちに「信じて仰ぐ態度」としての信仰を賜物として与えてくださいます。私たちはこの「信仰」を通して、神からの恵みにあずかり、魂の救いを与えられるのです。

(3) 礼拝の順序 —— 公同礼拝の内容は、「式文」によって明らかにされています。この「式文」という言葉は、「民の働き」（LAOSの行為）を意味しています。礼拝は、「神の民」である信徒のわざ

であるからです。「式文」は「礼拝の順序」のことであって、書かれた文章そのものを意味しているわけではありません。書かれた文章そのものは、「定式」と言われます。

(4) 礼拝の構成 —— 礼拝は、「開会の部」・「みことばの部」・「奉献の部」・「聖餐の部」・「派遣の部」という五つの部分によって構成されます。司式者が複数で奉仕する場合には、新しい「部」に入る時に交替します。司式者は、自分が担当して司式を始めるときに、会衆に対して「ここから私が司式をするように任命されていますが、よろしいでしょうか」という意味で、「主が、共に（おられるように）」と挨拶します。会衆は「よろしいですよ」という意味で、司式者に対して「また、あなたと共に」と挨拶するのです。

(5) 礼拝の歴史 —— 公同礼拝は、旧約聖書の時代、モーセによる幕屋の礼拝、またソロモンの神殿における礼拝にその根源を持っています。しかし、後期ユダヤ教といわれるバビロン捕囚後の「会堂」における礼拝は、さらにキリスト教会の礼拝のモデルとして深い関係があります。現在私たちが用いている「式文」を構成している祈りや讃歌などの各項目は、2000年の歴史を持っているわけです。そのために、礼拝は、古今東西の「キリストにある会衆」と私たちとをつなげるものとなっているのです。そして、「救い主の祝宴」が実現する終末に至るまで公同礼拝は、神の民を導きます。「聖餐」は、「天における礼拝」とつながっています。それで、私たちは、聖餐式の「序詞」で、「今、地にあるすべての教会は、あなたの御名をあがめ、永遠の賛美を天にある天使の群れ（また、みもとにある主の民）と共に、声を合わせて歌います」と祈るのです。

3 公同礼拝において何が起こるのか

(1)「神の奉仕」への「会衆の応答」—— 公同礼拝はすぐれて「神の奉仕」です。神は、「御言葉と礼典」という“クルマ”によって、その測り知ることのできない深い「恵み」を運んでくださいます。そのために、「御言葉と礼典」は、「恵みの手段」と呼ばれるのです。公同礼拝において、会衆は神の呼びかけに応答し、聖霊の助けを求め、罪の赦しを願い、赦しの恵みを受け取ります。また、会衆は聖書を通して神からの御言葉を聴き取り、魂の糧とします。その恵みに感謝する歌を歌い、感謝の表現の一つとして献金をします（用意のない方は次の人にかごをまわします）。そして、臨在の神を賛美し、互いに和解し、主の食卓にあずかり、聖餐の恵みに感謝し、主によって新しい歩みに派遣されます。

(2) 会衆の応答は「全人的」—— 公同礼拝は、会衆に神が与えられた機能を総動員することによって守られます。「知性」・「情緒」・「意志」というような諸要素は、ばらばらにではなく、ひとりの人間として「全人的」応答をするのです。

(3)「一人一人」と「一同」—— ペンテコステに起こったことは、聖霊が「一人一人」の上に臨み、また、「一同」が聖霊に満たされた、という出来事でした。それは、公同礼拝が行われる度に起こります。礼拝は、第一義的には「群れ」によって行なわれます。「教会」とは、まさに「礼拝共同体」であります。

(4) 礼拝は、「伝道会」—— 公同礼拝は、全人類のために起こったキリストの死を証しし、復活のキリストの御臨在を宣言する場

です。従って、公同礼拝は本来的に「宣教的」性格を強く持っています。言い換えれば、礼拝は、自分たちだけのものではなく、近隣地域のすべての人々のために行なわれる「公」のものであります。すべての人々に対して開かれているものであります。

(5) 礼拝は、「交流の場」── 伝統的な表現をすれば、公同礼拝は、使徒信条に言われている「聖徒の交わり」です。「聖徒」とは、特別な聖人という意味ではなく、キリストの聖なる血によってきよめられた人々、洗礼の恵みによって罪赦された人々、弱さを持っていても罪を憎み、神の御心を喜ばせたいと自分自身を主に献げ、主の助けを祈り求めている謙虚な人々のことです。「聖徒」は、それぞれが孤立しているのではなく、キリストを媒介として互いに結び合わされています。その「交わり」は、キリストによって「天の教会」ともつながっています。公同礼拝は、「公同の」（カトリカ）教会との「つながり」と「一致」を雄弁に証しするものです。そのことは、ニケア信条・使徒信条・アタナシオス信条が、いずれも「世界教会信条」であることから、一目瞭然です。

4　公同礼拝はどのように展開されるか

(1)「牧会」における展開 ── 公同礼拝は、まず個人的な「牧会」において展開されます。礼拝に出席している人にも、病床にある人にも、遠くにいる人にも、公同礼拝の恵みは届けられるべきものです。

(2)「年令」の壁を越えて ── 公同礼拝を構成するメンバーは、乳児から老人までを含みます。そのことを実現するための工夫が、諸教会においていろいろに試みられてきました。それは、「言う

に易く、行うに難し」というわけで、決して容易なことではありません。その理由は、いろいろあります。礼拝のメッセージは、人生経験の豊かさや、聖書の内容についての知識や、聖書の使信に対する理解や、メッセージに対する心の開き方や、常識的な判断などとの関わりの中で受け取られるものだからです。ですから、聖書の話は、何回聴いても、何回語っても、いつも新鮮で、いつも新発見を与えられるわけです。そのように多様な人々が一つの集会に参加するわけですから、折り合いを付けることは至難の業です。しかし、公同礼拝の式文は、ある程度慣れた時には、ほぼすべての人が参加することのできる内容になっています。また、式文は、「ひざまずいて学ぶ」もので、自分の「先入観」で勝手に解釈するものではありません。自分の思いにではなく、「十字架のキリストによって示された神の愛」に、魂をひたすら向けるときに、公同礼拝は、その隠された無限の力を顕わしてくるのです。

(3)「場所」の壁を越えて —— 公同礼拝のための「礼拝堂」が与えられていることは、言葉では言い尽せない特別の恵みです。しかし、公同礼拝は、礼拝堂だけに限定されるものではありません。公同礼拝は、力強く「信徒」を派遣します。家庭に、職場に、病院に、共同の活動に、地域の働きに。そのような意味で、「家の教会」は、特別の機能を持っています。礼拝堂では出会えない人々と出会う機会を与え、公同礼拝の場では実現しにくい対話的な交わりが与えられます。また、衛星的な宣教の拠点を造り出すことも可能です。

(4) 聖書を学ぶ機会を大切に —— 公同礼拝では、式文全体がメッセージなのですが、特に説教が大事なメディアになっています。し

かし、「説教」は、聖書の内容を多様に展開するだけの時間的な余裕もありませんし、その表現も多くの会衆に受け取りやすいように工夫されています。それは同時に、ある種の制限にもなります。そのような壁を破るのが、「聖書を学ぶグループ」の目的です。

（5）一人ひとりの人生を方向づける ── 公同礼拝に参加することを大切にすることは、その人の人生にとって、決して小さいことではありません。それは、日々の栄養を摂ることがどうでもいいことではないのと同じです。礼拝は、御利益のために参加するものではなく、神への感謝と賛美のために参加しないではおれないという性格のものです。

　しかし、たとえ義務的に感じる時があっても、あるいは何か抵抗を覚える時があっても、また時間や経済で大きな努力を払わなければ礼拝に参加できないような時があっても、優先的な事柄として考えるかどうかはその人の永遠の命に関わる重大な問題です。

　なんらかの理由で、足を運べない時には、「家の教会」や、「文書」や、メールやインターネットや、「訪問」を要請することで、会衆との交わりを保つことができます。何よりも「祈りの輪」の中にいることが大切です。祈っていただくだけではなく、兄弟姉妹のために祈ることができるからです。

　また、勤務や介護や法事や学校や、さまざまなことが、公同礼拝への参加を難しくすることが多くあります。しかし、人間の弱さに負けてはなりません。大事なことを大事にすることが、永遠の命に至る道であるからです。しかし、それでも、どうしようもないときがあります。その時は、故・島村亀鶴牧師の歌（次頁）を思い出して、快く、お世話の必要な方の傍にいることにいたしましょう。

マリヤ病めば　イエス看護や　寒に入る

5　大岡山教会の「礼拝キャンペーン」とは

(1) 第一次キャンペーン —— 1996年から「主日礼拝の新しいかた
ち」を求める試みが続けられ、やがて現在の形に定着しました。
当初理論的には考えられていたある種の「理想型」には達してい
ないものの、意図されたことの大半は、多くの兄弟姉妹の理解と
努力によって実現してきたのではないでしょうか。

(2) 第二次キャンペーン —— 1997年から約2年を費やして、「礼
拝式文」の改訂を行い、その後こまかな調整はありましたが、当
初の方針が貫かれて、三つの礼拝に共通の基本型が、現在の「式
文」に表現されています。第一礼拝、第二礼拝は、共通の簡略な
ものを用いていますが、基本的に同じです。また、幼稚園の礼拝
も、この基本に従って組み立てられています。

(3) 第三次キャンペーン —— 1998年から「信徒奉仕者」の養成が
始められました。信徒も公同礼拝などで霊的な奉仕をする準備
のために、「大岡山教会講座」が実施され、「信徒司式奉仕者」・
「信徒聖書朗読奉仕者」・「信徒説教奉仕者」などが、「教会オルガ
ニスト」や「教会学校教師」と共に、礼拝における就任式や週報
における公示などの仕方で、公的に委嘱されるようになりまし
た。
　そして、この運動は、日本福音ルーテル教会全体の運動とも、独
自性を持ちつつも、目的において軌を一にするものとなりまし
た。

感謝の辞

　「城北地区会」（三浦知夫地区長）から講演のご依頼をいただいたこと
は、私には一つの驚きでした。そして、外山誠氏（当時　板橋教会代議
員）から、この「講演」録を小冊子にしたいという申し出を承ったこ
とは、さらに大きな驚きでありました。それは誠に光栄であり、もっ
たいないことでありますが、思い入れは十分あるものの、大きな主題
をあまりにも短くまとめていましたので、これを印刷してもいいのか
と思いました。しかし外山氏と板橋教会（当時　後藤直紀牧師）の温かい
お奨めとご好意に甘えることにいたしました。理由は二つほどありま
す。
　一つは、私が神学生であった6年間（1957~1963）ずっと小石川教会、
板橋教会、本郷教会に大変お世話になったからです。言い換えれば、当
時の教職、信徒の方々のキリストにある純粋な志と献身の"証人"の
ひとりでありたいからです。もう一つは、現在の若い牧師方と誠実な
キリスト者諸氏に、1963年以来現役として、定年者として「宣教と奉
仕」の教会の"現場"にいた者のひとりとして、是非とも伝えたいこ
とがあるからです。それは、ひとことで言えば、「信徒」を「信頼」す
ることが宣教・牧会の基本であるということです。
　私は、多くの信徒諸氏の祈りと愛と配慮の中で支えられ、育てられ
てきました。それでも私には悲しい記憶がいくつもあります。きちん
と仕事ができない実力のない人、職務に適任ではない人だと陰口をた
たかれたり、就任を歓迎されなかったり、離任を非難されたりいたし
ました。それは当然のことです。悲しくても私は、信徒諸氏を尊敬す
ることができましたし、信頼するよう自分を説得することができまし

た。それは私の力ではなく、十字架の上で恐るべき孤独に耐えたもう
た主イエス・キリストの恵みです。ですから、私は確信しているので
す。「信徒お一人おひとりを信頼すること」が牧師の基本であると。

　しかし、本当は教職と信徒は皆同じ「神の民」（LAOS）の一員であり、
教職はLAOSから委託された"専従者"であるわけです。そして、LAOS
の主がただひとりの主—十字架と復活のキリストであることは申すま
でもありません。

　こうして、私のような小さな者もいくつもの教会（城北地区以外にも、
浜松、富士、みのり、静岡、新札幌、そして特に大岡山、さらに横浜、甲府、鵠
沼めぐみ、ほか）において多くのすばらしい仲間と出会う恵みを与えら
れたのです。この小冊子も、そのような恵みの一つです。「はじめに
（発刊の辞）」を敬愛する三浦知夫地区長に、また「あとがき（編集の辞）」
を外山誠氏にお書きいただいたことは実に身に余る光栄であります。
このパンフレットは、誠に心広く温かい外山氏のご奉仕によって誕生
したものです。

　編集者のお奨めに従って、講演録の一部に補筆し、また「付説」と
して三つの文書を加えさせていただきました。付説1と2は2012年
に印刷した拙著『ちゃあち　えでゅけいしょん』からの抜粋です。ま
た、付説3は、「大岡山教会講座」の、テキストの一つとして2006年
に書いたものです。

　お目通しいただき、お心に留めてくださるならば、それほど嬉しい
ことはありません。　主の平和！

北尾　一郎

〈参考文献〉

● 「神の民」ラオス神学の宣教学的考察（2012 年度卒業論文）、伊藤節彦著、（199 ページ）お問い合わせ先：ルーテル学院大学図書館

● 「この恵みのゆえに」（信徒のためのキリスト教講座）—— 大岡山教会講座選集、北尾一郎著（2007）から「牧師についての Q&A（57 〜 70 ページ）」お問い合わせ先：日本福音ルーテル大岡山教会

● LAOS 講座 創刊号「信徒として生きる」（2004）

（1）「誰だろう、何だろう、信徒って」——信徒として生きていくために知っておきたい 5 つのポイント ——江藤直純著

（2）「信徒についての神学的・聖書的展望」 H.G. ステンプル著（北尾一郎訳）お問い合わせ先：日本福音ルーテル教会

●同上第 1 号「礼拝の意味と実践」浅野直樹（Sr.）著（2004）

●同上第 2 号「小さな一本の指」—— 説教の聴き方・語り方 —— 北尾一郎著（2004）

●同上第 3 号「真理を求めて」（2004）—— キリスト教の教理と信条 —— 江口再起著（2006）

●同上第 4 号「神と人間」—— 聖書は救いのドラマ —— 太田一彦著（2005）

●同上第 5 号「神の民の歩み」—— 2000 年のキリスト教会史 —— 鈴木浩／江藤直純著（2006）

●同上第 6 号「いなご豆の木」—— 信仰の継承 —— 立野泰博著（2005）

●同上第 7 号「宣教と奉仕の理論と実際」 江藤直純／松隈貞雄著（2004）

●同上第 8 号「この世を生きる」—— キリスト者の生活 —— 石居基夫著（2006）

あとがきにかえて

　主の御名を讃美します。

　2008 年に自宅近くの日本福音ルーテル板橋教会に教会の籍を移しました。それ以前は日本基督教団美竹教会の役員奉仕が第一優先、特定非営利活動法人在宅ケア協会では代表として 24 時間 365 日のサービス提供が第一優先、個人的な人間関係に悩み人を傷つけ傷つき「怖い顔」「笑わなくなった」と言われていました。和歌山県田辺市で一人住まいの母の介護を地元事業所に委ね、電話をかけ、毎月様子を見に帰り、そこに早く集合住宅を建てて神と人とに喜ばれる生活を取り戻したい考えでした。

　受洗した日本基督教団田辺教会と美竹教会は、ともにジャン・カルヴァンの流れをくむ長老主義教会でした。美竹教会の会堂清掃奉仕を学生アルバイトとして引き受け、勝手気ままな自分の思いを棚にあげて牧師に躓いたと思い込み、20 歳で教会を離れました。25 歳で聖アルフォンソ初台カトリック教会員の女性と結婚、以来 13 年間「まず教会生活。神との関係、人との関係を正せ。」と言う両親と絶縁状態、教会には戻らず故 C. H. Bouchard 神父が勧めてくださるキリスト教一致祈祷集会には揃って参加していました。

　両親はじめ教会の皆さんによる熱心な祈りと礼拝録音テープ送付、共働き三重保育のために募集したベビーシッターが美竹教会員の方で、子たちに教会学校を体験させたい思いが募り、美竹教会と教会の青年会に連れ戻された時は 30 歳でした。三女の喘息による入退院繰り返しを機に 33 歳で病院勤めを辞して在宅ケア専門看護師として開業、1988 年慢性疾患在宅ケア協会設立準備会発起後は在宅ケア一本やりの生活、

38歳で軽い脳梗塞、同年家族そろって田辺教会で両親との和解を祝福していただきました。

　ルーテル板橋教会が、カトリック教会・聖公会と共通の信条をもつ教会であり、礼拝式の冒頭に罪の告白の勧め、告白とゆるしの祈願が定められ、毎主日に聖餐式が執行されることは慰めにみちた喜びでした。最初は自分がいかに律法主義的か、反対にルーテル教会は反律法主義かと思ったりし、当時の中村圭助牧師が毎主日の礼拝後の会衆に次週の讃美歌練習を命じ、LAOS講座を一単元ずつ勉強させる「おにぎり愛餐会」をルーテル教会による主の訓練と理解し、これぞルーテル教会と魅力を感じていました。

　その後ルーテル板橋教会の牧師は代わり、牧師のいない時期もあり、教会のみんなでLAOS講座を学ぶことなく、教会は建物があって日曜日に遠くからでも通われる熱心な少数者の集団になってきました。教会は最初から教会なのではなく主の訓練によって教会になるのですから、主の訓練に励まされて教会からの香りが教会に集まった人の家族にも仕事する場にも出入りするお店や生活空間にも届けられ、主の大波大風が吹かなくなると主の香りは家庭にも職場にも地域の社会生活にも届けられなくなるのではないでしょうか。

　ルーテル教会だけでなく、これから教職がいよいよ少なくなる時代においてキリスト教の教会が主の訓練を取り戻して教会となるために、LAOS（神の民）は示唆に富むキーワードのように思います。自分を愛するように、教会のため、牧師・司祭のため、知り合いのため、知りあいたくない人のため、一人一人のために祈りましょう。主の御思いとサタンのパン種とを正しく聞き分ける知恵を、知恵に満ちた賢明な心を求めましょう。とりなしの祈りを、とりわけ主の祈りをくり返し祈りましょう！　主の御名によって祈ります。アーメン！

外山　誠

著者：北尾 一郎（きたお・いちろう）

1936年旧満州国（中国東北部）大連市で生まれる。アジア太平洋戦争中、長春で国民学校に入学、1944年大連に転じ「下藤国民学校第4中隊第1小隊第1分隊長（級長）」として1945年敗戦を迎える。1947年春ナガサキに引揚げ、同年冬、静岡県浜松市に転居。静岡県立浜松北高校在学中、浜松福音ルーテル教会でL.A.ジョンスルード牧師によって洗礼を受ける。

東海ルーテル聖書学院、日本ルーテル神学校、明治学院大学（社会学部）を卒業後、1963年牧師補となり、1964年教職授任按手を受け、豊橋、静岡、大岡山、新札幌、大岡山で日本福音ルーテル教会の牧師の任を受け、併せて教会行政の諸任務を与えられる。2007年定年牧師となり、現在に至る。小石川教会員。

LAOS　神の民　「神の民」としての教会

2021年7月15日発行

著　者 —— 北尾一郎
制　作 —— 外山　誠
発　行 —— 日本福音ルーテル教会東教区城北地区
連絡先 —— 東京池袋教会
〒171-0014 東京都豊島区池袋3丁目7－1
Tel 03-3984-3853 Fax: 03-3984-3853
HP: http://www.jelc-ikebukuro.org/
装　画 —— 影山知史・影山優子

発行所 —— 株式会社ヨベル　YOBEL, Inc.
〒113-0033 東京都文京区本郷 4-1-1-5F
Tel 03-3818-4851　FAX03-3818-4858
e-mail：info@yobel.co.jp

印　刷 —— 中央精版印刷株式会社
装　幀 —— ロゴスデザイン：長尾　優
配給元—日本キリスト教書販売株式会社（日キ販）
〒162 - 0814　東京都新宿区新小川町 9 -1
振替 00130-3-60976　Tel 03-3260-5670